Inhaltsverzeichnis

W0227202

1.1 Vorwort des Verlegers

**Mit dem Namen Allahs,
des Allerbarmers, des Erbarmenden...**

Alhamdulillah! Ilm Verlag hat es sich zur Aufgabe gemacht, dem deutschsprachigen Leser die islamische Literatur näher zu bringen. Damit will der Verlag einen Bei-
trag dazu leisten, dass das immer grösser werdende An-
gebot an islamischer Literatur durch wichtige und nützliche Werke bereichert wird. Genauso wie wir bei jedem
Buch auf islamkonforme Inhalte achten, bemühen wir uns
bei der Herausgabe der Bücher um qualitativ hochwertige
Ausgaben.

Heute freuen wir uns sehr, das Buch: *Das İstikhāra Gebet -
Seine Vorzüge und Regeln der Ausführung* veröffentlichen zu
dürfen. Das Buch setzt sich mit einer sehr wichtigen und
doch scheinbar vernachlässigten İbāda[1] auseinander, na-
mentlich mit der İstikhāra (الإِسْتِخَارَة), welche aus dem
İstikhāra-Gebet und dem Bittgebet der İstikhāra besteht.
Der Leser hat die Möglichkeit zu erfahren, was die Wichtigkeit und Vorzüge dieses Gottesdienstes sind und wie
man es möglichst entsprechend der Anleitung des Ge-

---

[1] In diesem Zusammenhang: *gottesdienstliche Handlung*

sandten Allahs (sas) und den Erklärungen wichtiger Gelehrter ausführt.

Wir hoffen, dem deutschsprachigen Leser dieses Thema durch dieses Buch verständlich machen zu können und freuen uns bereits jetzt über mögliche Fragen oder Kritik. Wir bitten Allah, den Zugang zum Thema leicht zu machen sowie um Ausdauer und Verständnis beim Lesen zu verleihen. Amin.

Erden Karsli, Dhul-Hijjah 1430, Dezember 2009

1.2 Vorwort der deutschen Ausgabe

Mit dem Namen Allahs,
des Allerbarmers, des Erbarmenden...

Alhamdulillah.

Ohne Zweifel ist der Tauhid[2] der Grundpfeiler und das fundamentale Prinzip des Islams. Dass niemand außer Allah die Anbetung und den absoluten Gehorsam verdient, dass die Herrschaft der Himmel und der Erde Allahs ist und dass es nichts gibt, das Allah in irgendeiner Weise gleichzusetzen wäre, ist zweifellos die Kernbotschaft der Gesandten Allahs (Friede sei auf Ihnen) und das Fundament unserer Aqida.[3] Und die Gottesdienste im Islam spiegeln – jeder auf seine Art – Aspekte dieses Grundprinzips wieder. Ohne Zweifel ist das İstikhāra-Gebet einer dieser Gottesdienste, welcher den Tauhid auf wunderschöne Art und Weise repräsentiert.

In einer Zeit und Umgebung, in der die Souveränität des Menschen propagiert wird, und die Menschen fantasie-

---

[2] einfach ausgedrückt: *Eingottlaube*. Jedoch ist der Tauhid weit mehr als nur der Glaube an die Existenz eines einzigen Gottes. Kurz gefasst bezeichnet der Tauhid alle Eigenschaften die nur Allah eigen sind, auch nur İHM zuzuschreiben. Dazu gehören beispielsweise die Herrschaft über Himmel und Erde, das Allwissen, die Allmacht, etc.. (Übers.)

[3] Die Gesamtheit der *Glaubensgrundlagen*.

ren, dass sie das diesseitige Leben eigenständig zu gestalten in der Lage seien, ist es für uns Muslime eine Herausforderung, sich von diesem selbstgefälligen Denken nicht beeinflussen zu lassen.

„Keineswegs! Wahrlich, der Mensch ist widerspenstig, weil er sich unabhängig wähnt. Wahrlich, zu deinem Herrn ist die Rückkehr." (Qur'an 96/6-8)

Es ist unsere Aufgabe, unser Denken und Handeln islam- und somit tauhidkonform zu gestalten. Die İstikhāra ist eine vorzügliche Möglichkeit, dies zu schaffen. Dadurch, dass der Muslim vor Ausführung einer Tat, die İstikhāra ausführt und seine Angelegenheit Allah anvertraut, zeigt er, dass Allah allein die Anbetung gebührt. Dadurch, dass er Sein Urteil akzeptiert und dementsprechend handelt, beweist er, dass er die Herrschaft Allahs über das menschliche Leben wohlgefällig akzeptiert, und indem er auf das allumfassende Wissen und die Allmacht Allahs vertraut, zeigt er, dass er einsieht und darauf vertraut, dass İHM die erhabenen Eigenschaften eigen sind, dass Allah frei von Makel und Irrtum ist. Somit ist die Möglichkeit der İstikhāra eine Gnade Allahs, durch die der Muslim seine wahre Knechtschaft unter Beweis stellen kann und soll.

Durch unser Zurückgreifen auf die İstikhāra, bevor wir eine Handlung durchführen, werden wir sowohl unsere Gottergebenheit unter Beweis stellen als auch inschaallah immer die Beste unter möglichen Alternativen wählen, um sowohl im Diesseits als auch im Jenseits das Gute zu erlangen.

Möge Allah, den Leser dieses Buches befähigen, das Gesagte richtig zu verstehen, dementsprechend zu handeln und somit dem wahren Tauhid näherzukommen. Amin.

Abu Muhammed Ismail

1.3 Vorwort der türkischen Ausgabe

بِسْمِ اللهِ الرَّحْمَنِ الرَّحِيمِ

Mit dem Namen Allahs,
des Allerbarmers, des Erbarmenden...

Im Laufe der Geschichte der islamischen Wissenschaften wurden in den verschiedenen wissenschaftlichen Disziplinen Bände voll Bücher geschrieben. Auch in unseren Tagen werden bezüglich verschiedener Themen Bände an Büchern
- insbesondere enzyklopädischer Art - verfasst.

Allerdings ist es äusserst schwierig, dass, was man über das Schreiben, Drucken und Publizieren von Büchern nennen kann, auch über das Lesen dieser zu sagen. Sowohl das Kaufen eines aus mehreren Bändern bestehenden und umfassenden Buches als auch das vollständige Lesen dieser Bücher ist eine äusserst schwere Angelegenheit.

Bücherlesen ist - ausser unter Spezialisten oder Neugierigen bezüglich eines Themas - leider nicht auf einem erfreulichen Level verbreitet. Aus diesem Grund ist sowohl der Kauf als auch das Lesen von Büchern, die im Taschenbuchformat publiziert werden, sehr einfach.

Daher wird dieses über das Thema İstikhāra verfasste Buch, welches im Leben eines Muslims mindestens einmal oder sogar mehrfach nötig werden wird, eine wichtige Aufgabe übernehmen.

Jeder Mensch ist in seinem Leben manchmal unentschlossen, ob er eine Sache tun soll oder nicht und hat das Bedürfnis, viele Menschen zu fragen, wie er handeln soll. Oftmals leitet derjenige, dessen Ratschlag man ersucht hat, den Fragenden - ohne böswillige Absicht - zu falschen Handlungen und Misserfolg. Jedoch existiert im Islam eine Möglichkeit und Methode, frei von Irren und Fehlgehen, welche denjenigen, der sich ihrer bedient, auf jeden Fall[4] zu guten (khair) und glücklichen Ergebnissen bringt.

Der Name dieser Möglichkeit und dieses Weges ist İstikhāra. Die İstikhāra nimmt in unserer Religion einen solch wichtigen Platz ein, dass die Muslime der ersten Generation bezüglich der İstikhāra folgendes sagten:

"Der Prophet (sas) hat uns bezüglich jeglicher Angelegenheiten die İstikhāra gelehrt so wie er uns eine Sura aus dem Qur'an lehrte"

---

[4] inschaallah, wenn man alle Bedingungen erfüllt hat, die nötig sind (Übers.)

Das İstikhāra Gebet

Dieses Büchlein, welches sie in ihren Händen halten, befasst sich mit diesem Thema.

Ich wünsche mir, dass dieses Büchlein nützlich sein wird.

Dr. Mustafa Özcan

2 – Das İstikhāra-Gebet

Mit dem Namen Allahs,
des Allerbarmers, des Erbarmenden..

Der Lob gebührt Allah, dem Herrn der Welten. Ihn loben wir, bei Ihm ersuchen wir Hilfe und Ihn bitten wir um Rechtleitung. Ihn bitten wir um Vergebung und Ihm wenden wir uns reumütig zu. Bei Ihm suchen wir Zuflucht vor dem Übel unserer Seelen (Nafs/Egos) und unserer Taten. Wen Allah rechtleitet, den kann niemand irreführen und wen Er irreführt, den kann niemand rechtleiten. Ich bezeuge, dass es kein anbetungswürdiges Wesen gibt außer Allah. Er ist es, der die Angelegenheiten Seiner Geschöpfe verwaltet, die wahre Lebensordnung überlegen gemacht hat, der das Schwere leicht macht und dem Geschädigten zur Unversehrtheit verhilft.

Und ich bezeuge, dass Muhammed (sas) Sein Prophet ist. Friede und Segen seien auf Ihm, Seiner Familie und Seinen Gefährten.

Nach dieser kurzen Einleitung sage ich: Der Islam ist die Religion/Lebensordnung, an der Allah (swt) Wohlgefallen hat. Allah sagt:

$$\text{"}الْيَوْمَ أَكْمَلْتُ لَكُمْ دِينَكُمْ وَأَتْمَمْتُ عَلَيْكُمْ نِعْمَتِي$$

$$وَرَضِيتُ لَكُمُ اْلإِسْلاَمَ دِينًا\text{"}$$

"Heute habe Ich euch eure Religion vervollkommnet und Meine Gnade an euch vollendet und euch den Islam zum Glauben erwählt." (Maide, 3)

Der Islam ist eine vollkommene und alle Bereiche des Lebens umfassende Lebensordnung. Gleichzeitig ist der Islam beim Lösen von Problemen ein gerechter Richter. Die islamische Lebensordnung ist eine göttliche *(rabbānî)* Gesetzesordnung, eine realistische Methode, ein ausgewogener[5] *(wasat)* Weg und ein universeller Aufruf.

Der Islam ist eine Religion, die zur Ausgewogenheit zwischen den spirituellen und körperlichen Bedürfnissen führt und Harmonie zwischen den diesseitigen und jenseitigen Wünschen der Gesellschaft und der einzelnen Menschen herstellt. Durch die Lehren dieser Religion findet der Mensch Leben. Ein Leben, welches ehrenhaft, schön, ruhig und friedlich ist, ein produktives Leben, das auf Wohlergehen und Glück aus ist.

Zu den überaus weisen Lehren und fundierten Anordnungen gehört das İstikhāra-Gebet. Dieses Gebet ist für jeden Muslim, der sich Glück sowohl im Diesseits als

---

[5] bzw. überlegener / gerechter ...

auch im Jenseits wünscht, eine für seine Angelegenheiten nützliche Ibadah[6].

Das Leben ist voller Wendungen, welche sogar die klügsten Leute fassungslos werden lassen. Manchmal gerät der Mensch bezüglich der Dinge, die er im Leben tun möchte, in eine Lage, in der er nicht mehr weiß, welchen Weg er nehmen und wohin er gehen soll. Derjenige, der auf die İstikhāra zurückgreift und dies als Weg wählt, überlässt seine Sache Allah und wählt mit Hilfe des İstikhāra-Gebetes sowohl bezüglich diesseitiger als auch jenseitiger Angelegenheiten den besten Weg. Und genau dies ist die Art und Weise, wie sich ein Muslim zu verhalten hat. Ein Muslim wendet sich bei seinen Angelegenheiten an Allah und wählt den unversehrten Weg, der ihn zu wahrer Glückseligkeit führt, indem er in jeglicher Lage Zuflucht bei Allah sucht. Das Ziel glücklich zu sein ist einer der wichtigen Gründe, sich dem Weg der İstikhāra zu bedienen. Der Gesandte (sas) sagte:

"مِنْ سَعَادَةِ ابْنِ آدَمَ رِضَاهُ بِمَا قَضَى اللَّهُ لَهُ وَمِنْ شَقَاوَةِ ابْنِ آدَمَ تَرْكُهُ اسْتِخَارَةَ اللَّهِ وَمِنْ شَقَاوَةِ ابْنِ آدَمَ سَخَطُهُ بِمَا قَضَى اللَّهُ لَهُ"

---

[6] also: eine wichtige Form des Gottesdienstes

Das İstikhāra Gebet

"Glückseligkeit für den Sohn Adams liegt in der wohlgefälligen Akzeptanz dessen, was Allah beschlossen hat. Und Unglück bringt dem Sohn Adams, dass er es verlässt, Allah um das Gute/den Khair zu bitten. Ebenfalls liegt das Unglück des Adamssohnes in der zornigen Auflehnung gegen den Beschluss Allahs"[7]

Hingegen folgen die Leugner, die Heuchler und diejenigen schwachen Glaubens manchen Bräuchen aus der Zeit der Unwissenheit und Wegen des Teufels. Diese suchen Zuflucht (und Unterstützung) im Aufhängen von Talismanen, im Erfragen des Horoskops, dem Befolgen der Aussagen von Astrologen[8] und Hellsehern, im Glauben daran, dass gewisse Dinge Unglück brächten, sowie im (angeblichen) Erfragen des Schicksals durch Glückspfeile, Kaffeesatzlesen und Geomantie[9]. All diese Dinge, die wir aufgezählt haben, sind Bräuche der Unwissenheit (*Dschāhiliyya*). Allah hat (in seiner Offenbarung) diesbezüglich keinen Beweis (als Erlaubnis) niedergesandt. Die islamische Religion hat diese Dinge verboten und die Menschen gewarnt, sich mit solchen Dingen zu beschäfti-

---

[7] Überliefert von Tirmidhī in seinem Buch *Sunan* Kitabu'l Qadar, Hadīth Nr.: 2242. Der Hadīth ist auch im Buch *Tufatu'l Ahwazī* unter der Nummer 2180 erwähnt. Ausserdem in folgenden Werken: Ahmed b. Hanbal, *Musnad* (laut Fathu'r-Rahmanī, 11/178); İbn Hadschar al-Al-Asqalānī, Fathu'l Bārī, 11/187

[8] Als **Astrologie** (griechisch ἄστρον, *astron*, „Stern", λόγος, *logos*, „Lehre") werden verschiedene Lehren bezeichnet, denen der Anspruch gemeinsam ist, aus den Positionen von Himmelskörpern Ereignisse auf der Erde deuten und vorhersagen bzw. Schicksal und Persönlichkeitsmerkmale von Menschen bestimmen zu können. (Wikipedia) Nicht zu verwechseln mit der **Astronomie**, welche die naturwissenschaftliche Beschäftigung mit den Himmelskörpern im Universum darstellt. (Übersetzer)

[9] Art des Wahrsagens anhand von Figuren im Sand

gen. Niemand ausser Allah kennt das, was verborgen ist und noch nicht eintraf. Allah (swt) spricht:

"قُلْ لاَ يَعْلَمُ مَنْ فِي السَّمَاوَاتِ وَالْأَرْضِ الْغَيْبَ اِلاَّ اللهُ وَمَا يَشْعُرُونَ أَيَّانَ يُبْعَثُونَ"

"Sprich: "Niemand in den Himmeln und auf Erden kennt das Verborgene außer Allah; und sie wissen nicht, wann sie wiederauferweckt werden." (Naml, 65)

Wahrsager und Astrologen zu bestätigen und zu glauben, was sie sagen ist - Allah bewahre – Kufr.

Der Prophet (sas) sagte:

"مَنْ أَتَى كَاهِنًا أَوْ عَرَّافًا فَصَدَّقَهُ بِمَا يَقُولُ فَقَدْ كَفَرَ بِمَا أُنْزِلَ عَلَى مُحَمَّدٍ صَلَّى اللَّهم عَلَيْهِ وَسَلَّمَ"

"Wer zu einem Hellseher oder Wahrsager geht und ihn in dem, was er sagt, bestätigt, der hat (somit) geleugnet, was zu Muhammad (sas) niedergesandt wurde"[10]

Der Prophet (sas) hat es verboten, daran zu glauben, dass gewisse Dinge Unglück bringen. Zur Zeit des Propheten (sas) gab es folgenden Brauch als Überbleibsel aus der Zeit der Unwissenheit:

---

[10] Ahmed b. Hanbal, Musnad, 2/429 ; Beyhaqī, Sunan, 8/135 ; Hākim, Mustadrak, 1/8

-Man fing einen Vogel und lies diesen wieder fliegen, während man die Absicht für eine bestimmte Tat fasste, die man zu tun beabsichtigte. Flog der Vogel nach Rechts, glaubte man, dass die beabsichtigte Tat glückbringend sei. Flog der Vogel jedoch nach Links, so glaubte man, dass die Tat Pech bringen würde. Kam man nach Anwendung dieser Methode auf das Ergebnis, welches als auf Unglück hinweisend interpretiert wurde, so unterlies man die Tat und entschied sich (beispielsweise), nicht auf die angestrebte Reise aufzubrechen.

So hielt dieser Glaube oftmals die Menschen davon ab, etwas nützliches zu tun.

Nach der Überlieferung von Abu Huraira hat der Prophet (sas) folgendes gesagt:

$$\text{" لَا طِيَرَةَ وَخَيْرُهَا الْفَأْلُ قِيلَ يَا رَسُولَ اللهِ وَمَا الْفَأْلُ قَالَ الْكَلِمَةُ الصَّالِحَةُ يَسْمَعُهَا أَحَدُكُمْ"}$$

Es gibt kein schlechtes Omen [11] (طِيَرَة). *Das Beste diesbezüglich ist al-Fa'l* [12]. *Die Anwesenden fragten: ,O Gesandter Allahs!*

---

[11] Das Wort bezeichnet ursprünglich wohl das oben beschrieben Verfahren, anhand des Vogelflugs das Schicksal zu erfragen. Es wird jedoch meist benutzt für, etwas als schlechtes Omen zu betrachten, z.B. Namen von Personen, Orten oder ähnliches. (Übers.)

[12] Ungefähre Bedeutung: *Etwas als gutes Zeichen anzusehen*

Was ist al-Fa'l?' Er sagte: Ein rechtschaffenes Wort, das je-
mand von euch hört"[13]

Der Islam hat den Glauben an Horoskope, Geomantie,
Kaffeesatz- und Händelesen sowie den Gang zu Wahrsa-
gern und den Glauben an das Pech verboten und diese zu
Anzeichen der Zeit der Unwissenheit erklärt. Anderer-
seits hat der Islam das *İstikhāra-Gebet* zum göttlich erlaub-
ten Weg erklärt und uns gelehrt, dass dies sowohl für das
Diesseits als auch das Jenseits der Weg zum Guten, zur
Rechtleitung, zu Errettung und Glück ist.

Mit der Unterstützung Allahs werden wir in den folgenden Seiten das *İstikhāra-Gebet* und die Art und Weise seiner Verrichtung erklären.

* * *

---

[13] Muslim in seinem *Sahīh*, Kitabu's-Selām/ Bābu't-Tiyara.

Das İstikhāra Gebet

2.1- Was bedeutet İstikhāra (الإِسْتِخَارَة)؟

Wörtlich bedeutet *İstikhāra*, sich *Khair/das Gute* zu wünschen.

Die Verwendung des Begriffes im arabischen Sprach-
gebrauch:

Der Satz خَارَ اللهُ لَه bedeutet:
"Allah hat ihm das gegeben, was khair ist."

اَلْخَيَرَةُ oder اَلْخِيَرَةُ (**Khayaratu** oder **Khiyaratu**) sind - wie
auch im folgenden Qur'an-Vers verwendet - Substanti-
ve:[14]

$$ \text{"وَرَبُّكَ يَخْلُقُ مَا يَشَاءُ وَيَخْتَارُ مَا كَانَ لَهُمُ الْخِيَرَةُ"} $$

*"Und dein Herr erschafft, was Er will, und erwählt, (was Ihm
gefällt). Nicht ihnen steht die Wahl zu."* (Qasas, 68)

Der Autor des Werkes ‚*Fayzul Qadīr*' sagt: "İstikhāra
bedeutet, sich in den Angelegenheiten das von Allah zu
wünschen, was khair ist. Die Essenz der İstikhāra ist es,
beim Wählen des Guten die Wahl Allah zu überlassen.
Denn Er ist es, der am besten weiß, was das Beste für den

---

[14] Lisanu'l Arab, İbn Mandhur, 2/300

Knecht ist. Ebenfalls ist Er es, der die Macht besitzt, demjenigen, der von Ihm das Beste erbittet, dieses zu geben.[15]

2.2 Der Hadīth über *İstikhāra*

Dschâbir b. Abdullah sagt:

''كَانَ رَسُولُ اللهِ صَلَّى اللَّهم عَلَيْهِ وَسَلَّمَ يُعَلِّمُنَا الاسْتِخَارَةَ

فِي الْأُمُورِ كُلِّهَا كَمَا يُعَلِّمُنَا السُّورَةَ مِنَ الْقُرْآنِ يَقُولُ إِذَا هَمَّ

أَحَدُكُمْ بِالْأَمْرِ فَلْيَرْكَعْ رَكْعَتَيْنِ مِنْ غَيْرِ الْفَرِيضَةِ ثُمَّ لِيَقُلْ

''اللَّهُمَّ إِنِّي أَسْتَخِيرُكَ بِعِلْمِكَ وَأَسْتَقْدِرُكَ بِقُدْرَتِكَ وَأَسْأَلُكَ

مِنْ فَضْلِكَ الْعَظِيمِ فَإِنَّكَ تَقْدِرُ وَلَا أَقْدِرُ وَتَعْلَمُ وَلَا أَعْلَمُ

وَأَنْتَ عَلَّامُ الْغُيُوبِ اللَّهُمَّ إِنْ كُنْتَ تَعْلَمُ أَنَّ هَذَا الْأَمْرَ خَيْرٌ

لِي فِي دِينِي وَمَعِيشَتِي وَعَاقِبَةِ أَمْرِي أَوْ قَالَ فِي عَاجِلِ أَمْرِي

وَآجِلِهِ فَاقْدُرْهُ لِى فَيَسِّرْهُ لِي ثُمَّ بَارِكْ لِي فِيهِ وَإِنْ كُنْتَ تَعْلَمُ

أَنَّ هَذَا الْأَمْرَ شَرٌّ لِي فِي دِينِي وَمَعِيشَتِي وَعَاقِبَةِ أَمْرِي أَوْ قَالَ

فِي عَاجِلِ أَمْرِي وَآجِلِهِ فَاصْرِفْهُ عَنِّي وَاصْرِفْنِي عَنْهُ وَاقْدُرْ لِيَ

الْخَيْرَ حَيْثُ كَانَ ثُمَّ أَرْضِنِي بِهِ'' قَالَ وَيُسَمِّي حَاجَتَهُ''

---

[15] Fayzu'l Qadīr, Munāwī, 5/403

Das İstikhāra Gebet

"Der Gesandte Allahs (sas) lehrte uns die İstikhāra so wie er uns eine Sura aus dem Qur'an lehrte und sagte: Wenn jemand von euch fest beabsichtigt etwas zu tun, so soll er zwei Rak'at (Gebetseinheiten) beten, die kein Pflichtgebet sein sollen, und anschließend sagen:

'O Allah, ich bitte Dich um das Gute durch Dein Wissen und bitte Dich um Beistand mit Deiner Macht und bitte Dich um Deine Gewaltige Güte, denn Du bist [aller Dinge] mächtig, ich aber nicht, und Du weißt [alles], ich aber nicht, und Du weißt ganz und gar um die verborgenen Dinge! O Allah, wenn Du in Deinem Wissen meinst, dass diese Sache gut ist für meine Religion, mein Leben und den Ausgang meiner Angelegenheiten[16], so bestimme mir diese Sache und erleichtere sie mir und mach mich dann damit zufrieden. Und wenn Du in Deinem Wissen meinst, dass diese Sache schlecht ist für meine Religion, mein Leben und den Ausgang meiner Angelegenheiten, so wende sie von mir und mich von ihr ab und bestimme mir das Beste, wo auch immer es sei, und mach mich dann damit zufrieden! '
Und er soll sein Anliegen erwähnen."[17]

* * *

---

[16] ...oder er sagt stattdessen: *"für das Unverzügliche und das Zukünftige meiner Angelegenheit (andere Überlieferung)"*

[17] Der Hadith befindet sich in *Muslim* und allen anderen Werken der Kutub as Sitta:
Buchārī, *Sahīh*, Kitabu'd-De'awāt, Bābu'd-Du'āi 'Inda'l İstikhārati, Hadīth Nr.: 6382; **Tirmidhī**, *Sunan*, Bābu mā cāe fī Salāti'l İstikhārati, Hadīth Nr.: 476; **Abû Davûd**, *Sunan*, Bābun Fi'l İstikhārati, Hadīth Nr.: 1538; **Nasāī**, Kitābu'n-Nikāh, Bābu Kayfa'l İstikhārati, Hadīth Nr.: 3253; **İbn Mādscha**, *Sunan*, Bābu mā cāe fī Salāti'l İstikhārati, Hadīth Nr: 1383

2.3 Für was macht man İstikhāra?

Der Ausdruck *'Der Prophet (sas) lehrte uns die İstikhāra wie er uns eine Sura aus dem Qur'an lehrte'* im Hadīth über die *İstikhāra* zeigt uns, dass unser Prophet (sas) Seinen Gefährten bezüglich jeder Situation die *İstikhāra* lehrte. Diese Verallgemeinerung umfasst jedoch nicht unbedingt alle Angelegenheiten. Denn es gibt einige Themen, bei denen es nicht notwendig ist, die *İstikhāra* zu machen. Beispielsweise macht man keine *İstikhāra* für Taten, die Allah zur Pflicht gemacht hat oder für solche, die mustahabb[18] sind. Ebenfalls macht man keine *İstikhāra* für Dinge, die harām oder makrūh sind.

Ibn Hadschar schreibt in seinem Werk *,Fath al Bārī'*:

„İbn Abī Dschamra sagt: 'Der in diesem Hadīth vorhandene Ausdruck ist eine Verallgemeinerung, die (jedoch) etwas Spezifisches beschreibt. Denn man gebraucht die İstikhāra nicht, wenn es darum geht, ob man etwas tun soll, was fard [19]oder mustahabb ist. Man macht (auch) keine İstikhāra, ob man etwas unterlassen soll, was harām oder makrūh[20] ist. Somit geht es bei dieser Sache um Angelegenheiten, die mubāh[21] sind. Der Mensch kann (ebenfalls) İstikhāra machen, wenn es zwei Taten gibt, die mustahabb sind, und es darum geht, welche man zuerst ausführen soll oder (,wenn man nur eine davon wählen

---

[18] Taten, die nicht verpflichtend sind, für deren Ausführung man jedoch Belohnung bekommt.

[19] Eindeutig verpflichtend, wie z.B. das täglich fünfmalige Gebet. (Übers.)

[20] Taten, die nicht eindeutig verboten sind, für deren Verpöntsein es jedoch mehr oder weniger starke Hinweise im Qur'an bzw. in der Sunna existieren. (Übers.)

[21] Taten, bezüglich deren Ausführung oder Nichtausführung man freigestellt ist. (Übers.)

will) welche von beiden Taten man der anderen vorzieht.' Dies ist die Meinung von Ibn Abī Dschamra.

Ich sage (Ibn Hadschar): Daneben kann man bei Taten aus den Kategorien Fard und Mustahabb, zu deren Ausführung man eine grössere Zeitspanne Zeit hat (die nicht sofort ausgeführt werden müssen), auch İstikhāra machen. Also ist der Ausdruck im Hadīth allgemein gemeint. Somit kann man İstikhāra ausführen, seien es wichtige Angelegenheiten oder einfache. Wie viele einfache Dinge gibt es, die zu grossen Ergebnissen führen können."

Imam Schawkānī schreibt in seinem Werk ,*Nayl al Awtār'*:

"Der Ausdruck 'in allen Angelegenheiten' in diesem Hadīth ist ein Beweis dafür, dass die İstikhāra in allen Angelegenheiten ausführbar ist. Der Mensch sollte die İstikhāra nicht verlassen, weil er eine Angelegenheit für bedeutungslos und wertlos hält, da sie einfach und klein ist. Wie viele einfach scheinende Dinge gibt es, nach deren Ausführung oder Nicht-Ausführung grosser Schaden entstehen kann."

Daher sagte der Prophet (sas):

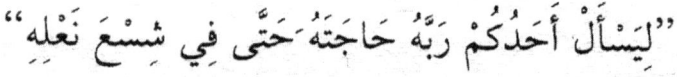

"لِيَسْأَلْ أَحَدُكُمْ رَبَّهُ حَاجَتَهُ حَتَّى فِي شِسْعَ نَعْلِهِ"

"Jeder von euch soll seinen Herrn um das Stillen seiner Not/seines Bedürfnisses bitten. Sogar wenn es um die Schnürsenkel seiner Schuhe geht."[22][23]

Der Ausdruck *'so wie er uns eine Sura aus dem Qur'an lehrte'* deutet auf die Wichtigkeit der İstikhāra hin und darauf, dass man diese Du'ā sorgfältig auswendiglernen und auf die *Du'ā der İstikhāra* wertlegen sollte, mit dem Ziel die *baraka* und die Akzeptanz dieser Du'ā (bei Allah) zu erreichen.

* * *

---

[22] Tabarāni, *Mu'dschamu'l Awsat*, 2/42: Tirmidhī, *Sunan*, Deawāt, Hadīth Nr: 3682
[23] Schawkānī, *Naylu'l Avtār*, 3/82

2.4 Wann macht man İstikhāra?

Durch den im Hadīth vorhandenen Ausdruck *'Wenn jemand von euch wünscht, etwas zu tun...'* verstehen wir, dass es darum geht, dass jemand sich nicht sicher ist, etwas zu tun oder nicht zu tun, da er nicht weiß, ob das Resultat der Tat khair/gut sein wird oder scharr/übel.
Dies ist die Situation, in der man auf die İstikhāra zurückgreift.

Ibn Abī Dschamra sagt: *"Die Empfindungen, die im Herzen des Menschen entstehen sind in 6 Stufen kategorisiert. Der Reihe nach sind es folgende:*

- *Himma (wünschen),*
- *Limma (sich interessieren),*
- *Khātır (gedenken, erinnern),*
- *Niyya (beabsichtigen),*
- *İrāda (wollen),*
- *'Azīma (endgültig beschließen)*

*Für die ersten drei wird der Mensch nicht zur Rechenschaft gezogen. Jedoch wird er für die letzen drei der Rechenschaft unterzogen. Das was im Hadīth mit '**Wenn jemand von euch etwas wünscht**...' gemeint ist, ist eine der ersteren Empfindungen. Wenn man an einer Sache, die im Herzen erscheint, Interesse hegt, der Sache gedenkt oder sich diese Sache wünscht, so ist das ein Hinweis dafür, dass genau dies der Zeitpunkt für die İstikhāra ist.*

Durch die Baraka des Gebetes und des Bittgebetes, welche zum Zwecke der İstikhāra vollführt wurden, wird das, was khair für ihn ist, zum Vorschein kommen. Das gilt jedoch nicht für eine İstikhāra, wenn die Tat, die man auszuführen gedenkt, schon beschlossen und der Entschluss schon gefestigt ist. Denn in solch einem Fall ist in der Person bereits eine positive Tendenz und Zuneigung bezüglich jener Sache entstanden. Bei einer İstikhāra in solch einer Situation, ist zu befürchten, dass aufgrund der Tendenz im Herzen der Person die richtigste Entscheidung nicht zum Vorschein kommt und verborgen bleibt."

İbn Abu Dschamra sagte ausserdem noch:

"Es ist auch möglich, dass mit dem Ausdruck im Hadīth **'Wenn jemand von euch wünscht, etwas zu tun**...' *nicht die Dinge gemeint sind, die im Herzen erscheinen (Ideen, Vorstellungen...), sondern Dinge, die man schon eindeutig beschlossen hat. Denn Empfindungen, die kurz im Herzen entstehen und wieder vergehen, sind nur kurzlebig. İstikhāra macht man nur für die Taten, zu deren Ausführung man schon fest entschlossen ist. Ansonsten würde man sogar für nicht zu beachtende Dinge İstikhāra machen, wenn man dies bei allem, was einem in den Sinn kommt, tun würde. Und dies wäre für die Person verlorene Zeit."*[24]

* * *

---

[24] Asqalānī, *Fathu'l Bārī*, 11/188

2.5 Das İstikhāra-Gebet

Der Ausdruck im Hadīth *'er soll zwei freiwillige Rak'a beten'* teilt uns mit, dass das İstikhāra Gebet ein freiwilliges zusätzliches Gebet ist und aus zwei Rak'a besteht.

Ibn Hadschar sagt: *"Der Ausdruck im Hadīth **'die kein Pflichtgebet sein sollen /anders als die Pflichtgebete'** teilt uns beispielsweise mit, dass es sich nicht um das Morgengebet (fajr) handelt, welches aus zwei Rak'a besteht und verpflichtend ist. Es ist auch wahrscheinlich, dass, wenn ein (bestimmtes) Pflichtgebet gemeint gewesen wäre, dies eindeutig erwähnt worden wäre. So drückt dieser Hadīth aus, dass es sich nicht um ein aus zwei Rak'a bestehendes und ordnungsgemäß zusammen mit einem Pflichtgebet verrichtetes Sunna-Gebet handelt, wie beispielsweise das aus zwei Rak'a bestehende Sunna-Gebet vor dem morgendlichen Pflichtgebet."*[25]

Imam Nawawī schreibt in seinem Werk *'Adhkār'*:
"Ob jemand das Bittgebet der İstikhāra nach einem freiwilligen Gebet aufsagt, welches er (sowieso) regelmässig vollführt, oder nach einem solchen, welches er nicht regelmäßig ausführt, es ist (beides) ausreichend."[26]

İbn Hadschar kritisierte diese Aussage Nawawī's und sagte:

---

[25] Asqalānī, *Fathu'l Bārī*, 11/189
[26] Muhyiddīn Nawavī, *Adhkār*, S. 168

*"Diese Aussage ist sorgfältig zu untersuchen. In dieser Angele-
genheit kann man folgendes sagen: Wenn er beim Ausführen
eines solchen (sowieso regelmässig vollführten) freiwillig ausgeführten Gebetes sowohl für dieses (gewohnte) als auch für das
İstikhāra Gebet (gemeinsam) die Absicht fasst, dann ist dies
ausreichend. Fasst er jedoch beim Ausführen dieses freiwilligen
Gebetes die Absicht für das İstikhāra Gebet nicht, so ist dies
nicht gültig."* [27]

Imam al İrāqi sagt:
*"Wenn der Betende vor seinem freiwilligen Gebet den Gedan-
ken daran hatte, etwas bestimmtes (in Zukunft) zu tun, und
sein Gebet verrichtet hat ohne die Absicht gehabt zu haben, das
İstikhāra Gebet zu verrichten, und nach dem Gebet das Bittgebet der İstikhāra aufsagt, so sollte dies reichen, dass dieses Verhalten als İstikhāra gilt."* [28]

Ich (der Autor) bevorzuge in dieser Angelegenheit, die
Meinung Ibn Hadschar's, dass vor dem Gebet die Absicht
(zum *İstikhāra-Gebet*) Bedingung ist. Auch wenn es zu
bevorzugen ist, dass man die *İstikhāra* mit einem freiwilligen Gebet verbindet, welches sich von den ordnunsge-
mäss mit den Pflichtgebeten ausgeführten freiwilligen
Gebeten und dem Gebet zur Begrüssung der Moschee
unterscheidet, so ist es doch auch erlaubt, mit den ord-
nungsgemäss (regelmässig) ausgeführten Gebeten

---

[27] Asqalānī, *Fathu'l Bārī*, 11/189

[28] Schawkānī, *Naylu'l Awtār*, 3/73

die *İstikhāra* auszuführen („wenn die Absicht dazu gefasst wurde).

* * *

2.6 Was rezitiert man im *İstikhāra-Gebet*?

In dem Hadīth, in welchem die İstikhāra erwähnt wird, gibt es keinen Hinweis bezüglich der Eingrenzung der im İstikhāra-Gebet zu rezitierenden Suren oder Verse. Aufgrunddessen kann derjenige, der die *İstikhāra* vollzieht, nach der *al-Fatiha*, eine beliebige Stelle (aus dem Qur'an) rezitieren. Da es diesbezüglich keinen offenen Hinweis gibt, haben (manche) Gelehrte über den Weg des İdschtihād[29] manche (subjektive) Bestimmungen gemacht.

Laut Imam Nawawī ist es angemessen, in der ersten Rak'a nach der *al-Fātiha* die Sura *al-Kāfirūn* und in der zweiten Rak'a die Sura *al-İkhlās* zu rezitieren.[30] Denn diese beiden Suren umfassen die Grundlagen der Religion. So belehrt uns die Sura *al-Kāfirūn* über das Fernbleiben vom Kufr und den Kāfirūn, sowie das Unterscheiden zwischen der Wahrheit und Unwahrheit, zwischen Imān und Kufr.
Die Sura *al-İkhlās* hingegen teilt uns mit, dass Allah bezüglich Seiner Person, Seinen Eigenschaften und Taten einzig/eins ist.
Ausserdem kann man (nach Empfehlung mancher Gelehrter) in der ersten Rak'a folgende Ayah aus Sura al Qasas, Vers 68 rezitieren:

---

[29] Eine von einem dazu fähigen Gelehrten getätigte islamrechtliche Ableitung bzw. Interpretation. (Übers.)
[30] Muhyiddīn Nawawī, *Adhkār*, S. 168

$$\text{"وَرَبُّكَ يَخْلُقُ مَا يَشَاءُ وَيَخْتَارُ مَا كَانَ لَهُمُ الْخِيَرَةُ}$$

$$\text{سُبْحَانَ اللهِ وَتَعَالَى عَمَّا يُشْرِكُونَ"}$$

"Und dein Herr erschafft, was Er will, und erwählt, was Ihm gefällt. Nicht ihnen steht die Wahl zu. Gepriesen sei Allah und Hoch Erhaben über das, was sie anbeten!"

In der zweiten Rak'a liest er dann folgenden Vers 36 aus Sura al Ahzāb:

$$\text{"وَمَا كَانَ لِمُؤْمِنٍ وَلاَ مُؤْمِنَةٍ إِذَا قَضَى اللهُ وَرَسُولُهُ}$$

$$\text{أَمْرًا أَنْ يَكُونَ لَهُمُ الْخِيَرَةُ مِنْ أَمْرِهِمْ وَمَنْ يَعْصِ اللهَ}$$

$$\text{وَرَسُولَهُ فَقَدْ ضَلَّ ضَلاَلاً مُبِينًا"}$$

"Und weder ein gläubiger Mann noch eine gläubige Frau dürfen, wenn Allah und sein Gesandter eine Angelegenheit (die sie betrifft) entschieden haben, in (dieser) ihrer Angelegenheit (frei) wählen. Wer gegen Allah und seinen Gesandten widerspenstig ist, ist (damit vom rechten Weg) offensichtlich abgeirrt." [31]

Denn beide Verse beinhalten das Urteil, die Angelegenheit ihrem wahren Besitzer zu übergeben. Der wahre Besitzer der Angelegenheit(en), der alle Dinge ordnet und

---

[31] Qurtubī, *el-Dschāmi Li-Ahkāmi'l Qur'ān*, 13/306, 307

bestimmt, ist Allah, al-Azīz[32], al-Dschalīl[33]. Es gibt niemanden, der Seinem Urteil widersprechen oder dieses hinterfragen kann. Er ist es, der tut, was er möchte. Dem Knecht geziemt es sich, Sein Urteil wohlgefällig zu akzeptieren.

İbn Hadschar kombinierte beide Meinungen und sagte, dass derjenige, der die İstikhāra ausführt, in der ersten Rak'a die Sura *al-Kāfirūn* zusammen mit Vers 68 aus der Sura *al-Qasas* und in der zweiten Rak'a Sura *al-İkhlās* zusammen mit Vers 36 aus Sura *al-Ahzāb* rezitieren sollte.[34]

*   *   *

---

[32] al-Azīz - ungefähre Bedeutung: der Mächtige, der allen überlegene (Übers.)

[33] al-Dschalīl – ungefähre Bedeutung: der Majestätische (Übers.)

[34] Al-Asqalānī, *Fathu'l Bārī*, 11/189

2.7 Wann liest man die *Du'ā der İstikhāra*?[35]

İbn Hadschar sagt:

"Die Tatsache, dass in dem Hadīth über die İstikhāra bezüglich desjenigen, der die İstikhāra macht, gesagt wird '...dann sagt er folgendes:', zeigt, dass das Bittgebet der İstikhāra nach dem Gebet der İstikhāra folgt. Es besteht die Wahrscheinlichkeit, dass es ausreichend ist, wenn die Du'ā der İstikhāra während des İstikhāra-Gebetes gelesen wird. Eventuell ist bezüglich der Reihenfolge des İstikhāra-Gebetes und der İstikhāra-Du'ā gemeint, dass man erst mit dem Gebet beginnt und dann (im Gebet) die Du'ā liest. Liest man (nämlich) die Du'ā während der Niederwerfung (sadschda) oder nach dem Tahiyyāt[36], so liegt das Gebet (immer noch) vor der Du'ā."

İbn Abī Dschamra sagt:

'Die Weisheit dahinter, dass das Gebet vor der Du'ā liegt ist folgende: Das Ziel der İstikhāra ist das Gute/Schöne des Diesseits mit dem des Jenseits zu vereinen. Jener, der solch einen Wunsch hegt, muss an der Tür Allahs anklopfen, der sowohl die Herrschaft über das Diesseits als auch die Herrschaft über das Jenseits inne hat. Um dies zu erreichen gibt es kein erfolgsverleihenderes und geeigneteres Mittel als das Gebet. Denn das Gebet ist eine Ibada, das Respekt gegenüber Allah beinhaltet, durch welche Allah gelobpreist wird und die Angewiesenheit auf Allah ausgedrückt wird."[37]

---

[35] Siehe dazu auch die entsprechende Frage im Anhang (Übers.)

[36] Gemeint ist die im Sitzen gelesene Du'ā „At tahiyyātu lillahi...." (Übers.)

[37] Al-Asqalānī, *Fathu'l Bārī*, 11/189

2.8 Die Erklärung der *İstikhāra-Du'ā*

"O Allah, ich bitte Dich um das Gute durch Dein Wissen..."

Also: O Allah! Mit der Unterstützung Deines allumfassenden Wissens wünsche ich mir von Dir, mich zum Guten zu führen. Dein Wissen umfasst alles Geschehene und alles, was geschehen wird. Lasse mich durch Dein Wissen darin erfolgreich sein, dass zu erlangen was khair für mich sein wird. Du bist der einzige, der alles gute und nützliche umfasst und das Gute und Schädliche aller Dinge kennt.

"...und bitte Dich um Beistand mit Deiner Macht..."

O Allah! Ich bitte Dich um Kraft und Unterstützung. Du bist der alleinige, der Macht hat über alle Dinge. O mein Herr! Deine Macht kennt keine Schranken, Deine Kraft ist grenzenlos. Halte mich durch Deine Macht fern von allem Übel, indem Du für mich das Gute vorbereitest und mir hilfst, dieses zu erlangen.

"...und bitte Dich um Deine Gewaltige Güte."

Allah ist es, von dem man wünscht und auf den man hofft. Die Gunst ist allein in Seiner Hand. Er lässt sie zuteilwerden, wem Er will, wie viel Er will.

"Wer auch immer sich bittend zum Schöpfer wendet, statt zum Erschaffenen, sich der Gunst seines Herrn bewusst auf Ihn vertraut und sich niederlässt in die Zonen Seiner Güte, dessen Anstrengungen werden ohne Zweifel mit Erfolg gekrönt sein."[38]

Allahs Gunst ist zu gewaltig, als dass sie durch Grenzen, Schranken oder Zahlen umfasst werden könnte. Genau aus diesem Grund wendet sich der Knecht, um seinen Wunsch auszudrücken, einzig zu seinem hocherhabenen Schöpfer. Welch wahre Worte sprach der Dichter, als er sagte:

Fordere nichts vom Menschen, seltsam ist sein Wesen
Frage Allah, seine Tür ist für dich immer offen gewesen
Der Adamssohn zürnt und schimpft, er mag den Bittenden nicht
Vergisst du jedoch Allah in deinem Fragen, so erzürnt ER gegen dich.

"Denn Du bist [aller Dinge] mächtig, ich aber nicht, und Du weißt [alles], ich aber nicht, und Du weißt ganz und gar um die verborgenen Dinge!"

---

[38] İbn Hādsch, *al-Madkhal*, 4/39

Es ist Allah, der stark ist und zu allem die Macht hat. Er kennt auch das Offenkundige und das Verborgene. Wer auch immer sich des Gedankens entledigt, dass er erfolgreich sei, weil er eine solch ordentliche Person ist, und einsieht, dass seine Kraft nichts nutzt, wenn Allah ihm keine Kraft gibt, und sich seinem freigiebigen Herrn zuwendet mit dem Bewusstsein, dass er auf Ihn angewiesen ist, so wird keine Sache diese Person aufhalten können.[39]

"O Allah, wenn Du in Deinem Wissen meinst, dass diese Sache (man nennt dann seine Sache) gut ist für meine Religion, mein Leben und den Ausgang meiner Angelegenheiten..."

An dieser Stelle des Bittgebetes gibt es folgende Auffälligkeit:
Als davon die Rede ist, dass etwas khair ist, so wird der Khair für die Religion bevorzugt erwähnt. Denn die Unversehrtheit in der Religion ist grundlegend, und dass die Religion unversehrt ist, bedeutet auch, dass das Diesseits in Ordnung ist.
Die Lehren der islamischen Lebensordnung führen zur Ausgewogenheit zwischen Religion und diesseitigen Angelegenheiten. Fundamental ist dabei, dass religiöse Interessen und weltliche Vorteile nicht widersprechen. Kommt es zu solch einem Konflikt, so ist der religiöse

---

[39] İbn Hādsch, *al-Madkhal*, 4/40

37

Vorteil vorzuziehen.[40] So wie der Mensch sich sorgfältig um die Erlangung weltlicher Vorteile kümmert, muss er sich auch sorgfältig um die Erlangung jenseitiger Vorteile kümmern. Dass der Mensch sich sorgfältig um weltlichen Nutzen bemüht, rührt daher, dass diese Eigenschaft durch die Schöpfung in ihn gelegt wurde.

So sagt Allah:

$$\text{"خُلِقَ ٱلْإِنسَانُ مِنْ عَجَلٍ سَأُرِيكُمْ آيَاتِي فَلَا تَسْتَعْجِلُونِ"}$$

"Der Mensch ist ein Geschöpf der Eilfertigkeit. Ich werde euch Meine Zeichen zeigen, aber fordert nicht von Mir, dass Ich Mich übereile." (Enbiya, 37)

"..., so bestimme mir diese Sache"

Dies bedeutet: Erleichtere mir die Sache, indem Du sie für mich bestimmst.

Der Grund dafür, dass wir von Erleichtern sprechen ist, dass Tirmidhi folgende Version überliefert hat:

---

[40] Es sei darauf hingewiesen, dass es im İslam keine eigentliche Unterscheidung zwischen Religiösem und Weltlichem im Sinne einer Trennung gibt. Denn der İslam ist die alle Bereiche des Lebens umfassende göttliche Lebensordnung. Was der Autor hier wohl meint, ist die Situation, wenn es zu einem zeitlichen oder örtlichen Konflikt zwischen religiöser Pflicht und rein weltlichem Vorteil kommt. Ein Beispiel wäre es, wenn man einen gutbezahlten Job bekommen könnte, dafür jedoch aufgrund der Arbeitsordnung sein Gebet verlassen müsste. In solchen Fällen ist immer die religiöse Pflicht zu bevorzugen. (**Übersetzer**)

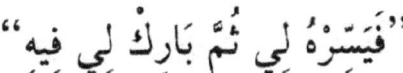

"so erleichtere sie mir. Und mache sie mubaarak für mich"

"Und wenn Du in Deinem Wissen meinst, dass diese Sache (man nennt dann seine Sache) schlecht ist für meine Religion, mein Leben und den Ausgang meiner Angelegenheiten, so wende sie von mir und mich von ihr ab..."

So, dass ich in meinem Herzen nicht mehr an dieser Sache hänge.

"...und bestimme mir das Beste, wo auch immer es sei, und mache mich dann damit zufrieden!"

Das hier erwähnte Zufriedensein bedeutet, dass das Ego/die Seele unter welchen Umständen auch immer das (durch Allah) Bestimmte ruhigen Gewissens akzeptiert.

Imam Schawkānī sagt:

*Der in der Duʿā enthaltene Ausdruck '**wende sie von mir und mich von ihr ab...**' bedeutet, dass man sich das vollständige Entfernen von der Sache wünscht, in welcher kein Khair steckt. Wenn man genau achtet,, erkennt man, dass der Wunsch nach dem Entferntsein nicht darauf beschränkt ist, dass nur eines der beiden (die Person mit dem Wunsch und die gewünschte Sache, in der kein Khair zu sein scheint) sich von dem anderen ent-*

fernt. Denn falls der Wunsch sich nur auf das Entfernen der (angestrebten) Angelegenheit bezöge, wäre es möglich, dass Allah diese Sache (zwar) von der Person fernhält, jedoch die Person im Herzen nach einer Weile immer noch an dieser Sache hängen könnte. Denn das Herz ist erst dann zufrieden, wenn es bekommt, was es möchte.

Wenn jedoch das Entfernen sich auf beide Seiten bezieht, so bleibt im Herzen des Dieners nicht der winzigste Hang zu dieser Sache. So ist die Sache perfekt.

Der Ausdruck '**und mache mich dann damit zufrieden!**' *enthält eine weitere Schönheit. Denn wird das Gute für eine Person bestimmt und diese ist damit nicht zufrieden, so wird dies zu einem unbehaglichen Leben führen. Gleichzeitig hat diese Person Sünde begangen, dass sie sich nicht Zufrieden gab, obwohl das Gute für sie bestimmt wurde.*"[41]

* * *

---

[41] Schawkānī, *Naylu'l Awtār*, 3/73

2.9 Was ist nach der İstikhāra zu tun?[42]

Imam Nawawī schreibt in seinem Werk „*Adhkār*':
"*Nach der İstikhāra handelt die Person so, wie sie meint, dass ihr Herz zufrieden sein wird*"[43]

Imam İbn Abdu's Selām sagt:
"*Derjenige, der die İstikhāra gemacht hat, wählt die Option (aus den verschiedenen möglichen, für die er İstikhāra gemacht hat), welche ihn eindeutig (im Herzen) überzeugt*"

Und İbn Hadschar sagt:
"*Die bevorzugte Meinung ist, dass, wenn die Person vor der İstikhāra aus eigenem Gutdünken zu etwas geneigt war und das Ergebnis der İstikhāra der vorher im Herzen vorhandenen Neigung entspricht, er nicht dementsprechend handelt.*"[44]

Was hätte die İstikhāra dann für einen Sinn?

*   *   *

---

[42] Bezüglich der Frage, wie man nach der İstikhāra dann zu einem Entschluss kommt, siehe auch im Anhang, um manches vielleicht noch unklares zu klären. (**Übersetzer**)

[43] Muhyiddīn Nawawī, *Adhkār*, S. 168

[44] Al-Asqalānī, *Fathu'l Bārī*, 11/191

2.10 Darf man das *İstikhāra-Gebet* wiederholen?

Die Antwort auf diese Frage ist "Ja". Wenn die Person, welche *İstikhāra* gemacht hat, bezüglich der angestrebten (oder gewünschten) Angelegenheit immer noch im Zweifel ist, kann sie das *İstikhāra-Gebet* mehrfach wiederholen. Bezüglich der Anzahl der Wiederholungen gibt es keinen sahīh Hadīth. In diesem Sinne gibt es bezüglich der Anzahl der Wiederholungen des *İstikhāra-Gebetes* keine Grenze.

* * *

2.11 Verhaltenregeln für die *İstikhāra*

Derjenige, der die *İstikhāra* vollzieht, muss sich von den auf Gutdünken und Gelüsten basierenden Wünschen seines Egos befreien und seine Angelegenheit Allah überlassen. Er sollte zu nichts anderem (von sich aus) tendieren, sondern das, was Allah ihm durch Seine Bestimmung gibt, wohlgefällig akzeptieren. Hierin liegt der Khair, das Heil (*Befreiung*), der Schutz und der Erfolg. Zusätzlich sollte eine Person, welche *İstikhāra* macht, hierfür eine der gunstvollen/gnadenvollen Zeiten des Tages wählen, wie beispielsweise die Sahar Zeit. Die Sahar Zeit ist die gunstvollste Zeit des Tages. Denn in dieser Zeit werden die Bittgebete erhört.

Nach der Überlieferung Abu Huraira's hat der Prophet (sas) folgendes gesagt:

> ‏"يَنْزِلُ رَبُّنَا تَبَارَكَ وَتَعَالَى كُلَّ لَيْلَةٍ إِلَى السَّمَاءِ الدُّنْيَا حِينَ يَبْقَى ثُلُثُ اللَّيْلِ الْآخِرُ فَيَقُولُ مَنْ يَدْعُونِي فَأَسْتَجِيبَ لَهُ وَمَنْ يَسْأَلُنِي فَأُعْطِيَهُ وَمَنْ يَسْتَغْفِرُنِي فَأَغْفِرَ لَهُ"

"Allah (tabaraka wa ta'ala) steigt nächtlich zum untersten Himmel herab, wenn das letzte Drittel der Nacht angebrochen ist und sagt: ‚Wer ruft mich, auf dass Ich ihm antworte, wer

bittet mich, auf dass Ich ihm gebe, wer bittet mich um Verge-
bung, auf dass Ich ihm vergebe.'"[45]

Der Mensch, der die *İstikhāra* vollzieht, soll während er zu
Allah betet, die Du'ā wachen Herzens ausführen und mit
der vollkommenen Überzeugung, dass das Bittgebet akzeptiert wird.

Nach der Überlieferung von Abdullah b. Amr b. As hat
der Gesandte Allahs (sas) folgendes gesagt:

$$\text{''اِنَّ الْقُلُوبَ أَوْعِيَةٌ وَبَعْضُهَا أَوْعَى مِنْ بَعْضٍ فَإِذَا سَأَلْتُمُ}$$
$$\text{اللهَ عَزَّ وَجَلَّ أَيُّهَا النَّاسُ فَاسْأَلُوهُ وَأَنْتُمْ مُوقِنُونَ بِالْإِجَابَةِ}$$
$$\text{فَإِنَّ اللهَ لَا يَسْتَجِيبُ لِعَبْدٍ دَعَاهُ عَنْ ظَهْرِ قَلْبٍ غَافِلٍ''}$$

„Wahrlich die Herzen sind wie Behälter. Manche davon sind
größer als die anderen. Und, o ihr Menschen, wenn ihr Allah
um etwas bittet, so bittet Ihn, mit der Überzeugung, dass euer
Gebet erhört werden wird. Denn wahrlich Allah akzeptiert
nicht das Bittgebet eines Dieners, der Ihn mit unaufmerksamen
Herzen ruft."[46]

* * *

---

[45] Muslim, *Sahīh*, Kitāb Salātu'l Musāfirīn, 6/36; Tayālisī, *Musnad*, Hadīth Nr.: 2232; Abû
Awāna, *Mustakhradsch*, 2/288; Tabarānī, *Mu'dscham*, Bāb Du'ā, Hadīth Nr.: 142
[46] Überliefert von Ahmad b. Hanbal, Siehe: *Fathu'r-Rahmanī*, 14/272

2.12 Überlieferungen bezüglich der *İstikhāra*, die als *da'īf* (*schwach*) kategorisiert wurden[47]

2.12.1 Nach der Überlieferung von **Anas b. Malik** hat der Prophet (sas) folgendes gesagt:

"مَا خَابَ مَنْ اِسْتَخَارَ وَلاَ نَدِمَ مَنْ اِسْتَشَارَ"

"Nicht scheitern wird der, der İstikhāra macht. Und nicht bereuen wird der, der sich berät."

Dieser Hadīth besitzt zwar in seiner Überlieferungskette eine Schwäche, jedoch ist der Inhalt wahr. Denn die *İstikhāra* ist der Weg zum Glücklichsein und die Wichtigkeit des Sich-Beratens ist offenkundig. Jeder kennt und akzeptiert die Wichtigkeit und (guten) Früchte des Sich-Beratens. So hat der Islam zur Beratung angespornt und Allah gebat, indem Er Seinen Gesandten (sas) ansprach:

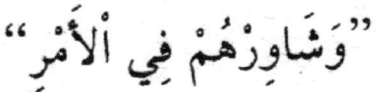

"وَشَاوِرْهُمْ فِي الْأَمْرِ"

"....ziehe sie in der Sache zu Rate!" (Al-i İmran, 159)

---

[47] İn den Hadīthwissenschaften bezeichnet der Begriff **da'īf** solche Überlieferungsketten von Hadīthen, die nicht die Bedingungen erfüllen, um als **sahīh (gesund)** oder **hasan (gut)** eingestuft zu werden. (**Übersetzer**)

Weiterhin wird zu diesem Thema im Qur'an folgendes als eine der Eigenschaften der Muslime erwähnt:

$$\text{"وَأَمْرُهُمْ شُورَى بَيْنَهُمْ"}$$

"Und ihre Angelegenheit ist eine Sache gegenseitiger Beratung."

عَنْ أَبِي بَكْرٍ الصِّدِّيقِ أَنَّ النَّبِيَّ صَلَّى اللَّهم عَلَيْهِ وَسَلَّمَ كَانَ إِذَا أَرَادَ أَمْرًا قَالَ اللَّهُمَّ خِرْ لِي وَاخْتَرْ لِي

2.12.2 Abu Bakr (ra) überlieferte, dass der Gesandte Allahs (sas), wenn er etwas zu tun beabsichtigte, folgendes sagte: *„O Allah! Suche mir das Gute aus und gebe mir das Gute."*[48]

2.12.3 Nach dem was İbn Sunni in seinem Buch *A'malu'l Yawmi Wa'l-Layl* auf Seite 173 von Anas (ra) überliefert hat, soll der Prophet (sas) folgendes gesagt haben:

"يَا أَنَسُ إِذَا هَمَمْتَ بِأَمْرٍ فَاسْتَخِرْ رَبَّكَ فِيهِ سَبْعَ مَرَّاتٍ ثُمَّ انْظُرْ إِلَى مَا يَسْبِقُ قَلْبُكَ فَإِنَّ الْخَيْرَ فِيهِ"

"O Enes! Wenn du etwas tun möchtest, so frage bezüglich

---

[48] Tirmidhī, *Sunan*, Kitabu'd-Da'awāt, Hadīth Nr.: 3651; Nawawī, *Adhkār*, S. 169; Suyūtī, *Dschamiu's-Saghīr*, Hadīth Nr.: 6559

dieser Sache deinen Herrn siebenmal um das Gute (also: mache siebenmal İstikhāra). Dann schau, was in dein Herz kommt. Denn darin ist Khair."[49]

Abschliessend möchte ich sagen, dass es mein Wunsch ist, dass Allah mir beim Behandeln und Bearbeiten dieses wichtigen Themas Erfolg schenkt, dass dieses Büchlein allen Muslimen Inschaallah nützlich sein wird und dass ich diese Arbeit nur um Allahs Wohlgefallen zu erlangen gemacht haben werde. Und unsere abschliessende Du'ā ist:

Der Lob gebührt Allah, dem Herrn der Welten.

```
    *   *   *   *   *
      *   *   *   *
        *   *   *
          *   *
            *
```

(⁴⁹) Nawavī, *Adhkār*, S 169; Al-Asqalānī, *Fathu'l Bārī*, 11/191
*Laut Angaben des Autors wie gesagt ein schwacher Hadīth. Anscheinend existiert in den authentischen Überlieferungen keine Beschränkung bezüglich der Anzahl der Wiederholungen. Und Allah weiß es am Besten. (**Übersetzer**)*

3 Anhang

Fatāwā bezüglich des İstikhāra -Gebetes

In diesem Kapitel haben wir einige Gelehrtenantworten (Fatāwā) zusammengetragen, bei denen es um Themen rund um die İstikhāra geht. Dieser Teil gehört ursprünglich nicht zum Text des übersetzten Buches, sondern ist von der bekannten offiziellen Website *www.islam-qa.com* entnommen. Das Zurückgreifen auf diese Website basiert nicht auf einem fanatischen Zugehörigkeitsgefühl zu einer bestimmten religiösen Bewegung oder Gruppe, sondern auf dem Eindruck, dass es sich um nützliche Fragen und Antworten handelt. Wir hoffen, dass einiges eventuell aufklärungsbedürftiges somit erledigt werden kann. Sollten immer noch Unklarheiten herrschen, empfehlen wir, kompetente und vertrauenswürdige Gelehrte der Ahlu Sunnah zu fragen.

3.1 Wir hören oft vom İstikhāra -Gebet, aber wir führen es nur selten aus. Ist das richtig so? Ich hoffe, Sie können uns das erklären?[50]

Der Lob gebührt Allah.

Das İstikhāra-Gebet ist ein Mittel, um die wahre Knechtschaft gegenüber Allah zu erreichen, das Herz des Muslims auf Allah zu richten und ihn von dem Gefühl zu befreien, an andere Geschöpfe gebunden zu sein. Das Streben danach, diesen Zustand trotz allen Launen des Herzens und der Seele zu erreichen, ist die höchste Art der Unterwerfung und die vollkommene Form des Vertrauens auf Allah. Dies ist der Zustand, in der die Person ihr Bedürfnis nach Allah spürt und im Wenden zu ihrem Schöpfer, dem Allmächtigen und Verwalter der Angelegenheiten, Freude und Ruhe findet, so dass diese Person bei jeder Sache, sei sie klein oder gross, sich dem İstikhāra -Gebet zuwendet, um die Rechtleitung durch Allah (swt) zu suchen.

---

[50] http://www.islam-qa.com/en/ref/112151

Das İstikhāra Gebet

Es wurde überliefert, dass Dschābir ibn Abdillah (r.a.) sagte:
"Der Gesandte Allahs (sas) pflegte es, uns die İstikhāra

bezüglich aller Angelegenheiten zu lehren, so wie er uns eine Sura aus dem Qur'ān lehrte..." [51]

Al-Hāfidh Ibn Hadschar sagte in *Fath al-Bārī*:[52]

"Die allgemeine Bedeutung umfasst sowohl wichtige als auch unbedeutsame Angelegenheiten. Es könnte sein, dass eine unbedeutsame Angelegenheit in etwas wichtigem resultiert."

Al-'Aynī sagte in *Umdat al-Qārī*: [53]

*"Die Worte **'bezüglich aller Angelegenheiten...'** weisen auf deren allgemeine Bedeutung hin und darauf, dass eine Person nichts als zu unbedeutsam sehen und unbeachtet lassen sollte, weil es zu klein ist, so dass diese Person es unterlässt, bezüglich dieser Sache die İstikhāra zu beten oder um Rechtleitung zu bitten. Er könnte eine Sache als unbedeutsam sehen, wobei jedoch das Tun oder Unterlassen dieser Sache zu grossem Schaden führen könnte. Daher sagte der Prophet (sas):*

---

[51] Bukhārī, *6382*

[52] Ibn Hadschar, *Fath al-Bārī* (11/184)

[53] Al-'Aynī , *Umdat al-Qārī* (7/223)

'Jeder von euch soll seinen Herrn um das Stillen seiner Not/seines Bedürfnisses bitten. Sogar wenn es um die Schnürsenkel seiner Schuhe geht.'''

Daher ist es offensichtlich, dass es ein Fehler ist, die İstikhāra auf seltene Fälle oder wenige Belange zu beschränken. Vielmehr sollte der Muslim sich in all seinen Angelegenheiten, bezüglich derer er zögerlich ist, zu Allah wenden und Seine Rechtleitung erbitten. Zaynab bint Dschahsch (r.a.) betete die İstikhāra als sie einen Heiratsantrag vom Propheten (sas) bekam. Nawawī kommentierte dies in *Scharh Muslim* und sagte: *"Dies zeigt, dass es für jemanden, der gedenkt etwas zu tun, mustahabb ist die İstikhāra zu beten, sei die Angelegenheit offenkundigerweise gut (wie die Heirat mit dem Propheten) oder nicht. Dies entspricht dem Hadith von Dschābir (r.a.) in Sahih al Buchārī:* **'Der Gesandte Allahs (sas) pflegte es, uns die İstikhāra bezüglich aller Angelegenheiten zu lehren, so wie er uns eine Sura aus dem Qur'ān lehrte...'.** *Und möglicherweise betete sie İstikhāra, weil sie befürchtete, dem Gesandten Allah (sas) bezüglich seiner Rechte nicht gerecht zu werden."*

In *Liqā'āt al-Bāb il-Maftūh* von Scheich İbn 'Uthaimīn steht:[54]

---

[54] *Liqā'āt al-Bāb il-Maftūh,* İbn 'Uthaimīn (Nr.85/ Frage 1)

Das İstikhāra Gebet

Frage:

Sind die zwei Rak'a des İstikhāra -Gebetes nur bezüglich jener Angelegenheiten vorgeschrieben, in denen die richtige Meinung nicht offensichtlich ist, oder sollen sie bezüglich jeglicher Dinge ausgeführt werden, die jemand tut, auch wenn sie offensichtlicherweise gut sind. Beispielsweise, wenn jemand Vorbeter in einer Moschee werden möchte oder eine rechtschaffene Frau heiraten will und ähnliches? Ich hoffe, Sie können diesbezüglich Klarheit schaffen.

Antwort:

"Das İstikhāra -Gebet wird dann verrichtet, wenn jemand etwas (zu tun) gedenkt und sich nicht sicher ist bezüglich der Konsequenzen, die es haben kann. So betet er zu Allah, um das Gute zu erbitten (İstikhāra) und fragt beispielsweise welche der beiden Alternativen (also: Tun oder Nicht Tun) besser ist. Aber er sollte nicht wegen jeder Sache İstikhāra machen. Dass heisst, dass jemand, wenn er Mittagessen möchte, sagt, dass er İstikhāra dafür machen möchte, oder wenn er mit der Gemeinschaft in der Moschee beten möchte, sagt, dass er diesbezüglich İstikhāra beten will. Vielmehr sollte er die İstikhāra beten und Allah um Leitung bitten wegen Dingen, deren Konsequenzen er nicht kennt, wie die Annahme einer Stelle als Vorbeter einer Moschee, wenn ihm solch eine Position angeboten wurde, und er nicht weiss, ob es besser für ihn ist Imam zu werden oder nicht. Dann sollte er die İstikhāra beten. Denn Imam zu sein ist zwar an für sich etwas Gutes, aber was die Konsequenzen angeht, so weiss

er nicht, ob er in der Lage sein wird, seine Pflichten als Imam zu erfüllen oder nicht, oder ob er sich in dieser Moschee wird einleben können oder nicht, oder ob er zu der Gemeinschaft passen wird oder nicht. So wird er um Rechtleitung bitten bezüglich dessen, ob es gut sein wird, Imam zu werden, d.h. er fragt um Rechtleitung in Bezug darauf, ob es besser sein wird im Hinblick auf die Konsequenzen, die es haben kann. Wie oft wird jemand Vorbeter einer Moschee und ermüdet daraufhin, so dass er seine Pflichten nicht mehr tut; und Probleme mit der Gemeinschaft lassen ihn wünschen, dass er nicht Imam geworden wäre. Das gleiche gilt, wenn es darum geht, eine rechtschaffene Frau zu heiraten. Er weiss nicht welche Konsequenzen es haben wird. Was gilt ist, dass in allen Fällen, in denen du zögerlich oder unsicher bist, du dich zu Allah wenden und IHN um die bessere der zwei Optionen (Tun oder Nicht-Tun) bitten musst."

Siehe auch die Antworten zu den Fragen 11981 und 2217.[55]

Und Allah weiß es am besten.

---

[55] Siehe unter www.islam-qa.com

3.2 Er betete die İstikhāra und fühlte gar nichts

Ich brauche bitte Ihren Ratschlag in Bezug auf das folgende: Was passiert, wenn zwei Personen, die es planen zu heiraten, beide ihr İstikhāra -Gebet vollziehen und nur die Frau die Botschaft bekommt und nicht der Mann? Diese Schwester sah sich selbst und ihren zukünftigen Mann (im Traum) in einem glücklichen Zustand und sie fühlt, dass Allah ihr mitteilt, dass sie richtig füreinander sind. Aber wenn der Mann kein(en) Zeichen / Gefühl / Traum oder was auch immer bekommt... Was sollen sie dann tun? Und wie viele Tage muss man dieses Gebet verrichten? Manche sagen 3 Tage, andere sagen 7 Tage. Allah möge Dich belohnen.[56]

Der Lob gebührt Allah.

Der Beweis für das İstikhāra-Gebet und die zu lesende İstikhāra-Du'a ist der Bericht, den Buchārī und andere von Dschābir bin Abdillah überliefern. Für den Kommentar und mehr Details, schauen Sie bitte nach bei Frage 2217 und 410.

Was folgendes angeht, das manche Leute erzählen...

---

[56] http://www.islam-qa.com/en/ref/5882

"...dann sollte er mit dem fortfahren, womit er auch immer sich glücklich fühlt."

... so wurde diesbezüglich von İbn al-Sunni ein Hadīth vom Propheten (sas) überliefert, wonach er folgendes gesagt haben soll: *"Wenn du bezüglich einer Angelegenheit besorgt bist, so mache die İstikhāra siebenmal, indem du zu deinem Herrn betest, und dann schau wozu du dich am meisten geneigt hingezogen fühlst. Und das Gute wird darin sein."*

Al-Nawawī sagte: *seine Überlieferungskette ist gharib und sie (die Überliefererkette) enthält Überlieferer, die ich nicht kenne.*[57]

Al-Hāfidh ibn Hadschar sagte: *wenn dies bestätigt wäre (durch eine beweiskräftige Überlieferung), so könnte man es als Beweis nehmen, jedoch ist die Überliefererkette sehr schwach (waahin dschiddan).*[58]

Al-Hāfidh al-'İrāqī sagte: *Sie (die Überliefererkette) enthält einen Überlieferer, der als da'īf dschiddan (sehr schwach) bekannt ist. Sein Name ist Ibrahim ibn al Baraa. Deswegen ist der Hadīth da'īf dschiddan.*[59]

---

[57] Nawawī, *al-Adhkār* s. 132

[58] Fath al Bārī 11/223

[59] al Futuhāt al Rabbāniyya, 3/357

Die korrekte Meinung ist, dass, wenn Allah etwas (nach dem er es angeordnet und dein Bittgebet akzeptiert hat) für dich leicht macht, so ist dies ein Zeichen, dass es gut ist, damit fortzufahren. Die Existenz von Hindernissen und Schwierigkeiten ist ein Hinweis darauf, dass Allah Seinen Knecht davon wegdrängt, es zu tun. Diese Deutung (bezüglich wie man erkennt, was man nach der İstikhāra tun soll) wird sehr einleuchtend werden, wenn jemand über die Bedeutung des Hadīth von Dschābir über die İstikhāra nachdenkt, in welchem der Prophet (sas) sagte:

"O Allah, wenn Du in Deinem Wissen meinst, dass diese Sache gut ist für meine Religion, mein Leben und den Ausgang meiner Angelegenheiten, so bestimme mir diese Sache und erleichtere sie mir und mach mich dann damit zufrieden. Und wenn Du in Deinem Wissen meinst, dass diese Sache schlecht ist für meine Religion, mein Leben und den Ausgang meiner Angelegenheiten, so wende sie von mir und mich von ihr ab und bestimme mir das Beste, wo auch immer es sei, und mach mich dann damit zufrieden!'

İbn 'Allān sagte, nachdem er die Gelehrtenmeinung übermittelte, dass der Hadīth von Anas (wie oben erwähnt) schwach ist: "Daher wurde gesagt, dass er (derjenige, der die İstikhāra gemacht hat) danach tun sollte, was er möchte (auch wenn er nicht das Gefühl des Glücklichseins verspürt). Denn was auch immer passiert nachdem man İstikhāra gemacht hat, es ist gut....

Al-Hāfidh ibn Hadschar sagte: *Al Hāfidh Zain al-Deen al-'Irāqī sagte (im Bezug darauf, etwas nach der Istikhāra zu tun):*

Was auch immer er tut, es wird Gutes darin sein. Dies wird gestützt durch das, was nach einigen seiner Überlieferungsketten am Ende des Hadīth von Ibn Mas'ud steht: 'Dann lass ihn seine Entscheidung treffen'

Ich (Ibn Hadschar) sage: Ich habe oben schon diskutiert und erklärt, dass seine Überlieferer (d.h. diejenigen die den Ausdruck 'Dann lass ihn seine Entscheidung treffen' mitüberliefert haben da'īf (schwach) sind. Aber trotzdem ist es stärker als was der Überlieferer jenes Hadīth überliefert hat (d.h. der Hadīth, in dem es heisst: ,und dann schau, wozu du dich am meisten hingezogen fühlst').[60]

Ein anderer Mythos, der unter den Menschen weitverbreitet ist, ist, dass du nach dem Istikhāra Gebet schlafen solltest. Und was immer du in deinem Traum an Gutem siehst und dich glücklich stimmt, so bedeutet es, dass das, was du tun möchtest, gut ist und dir leicht gemacht werden wird. Andernfalls ist es nicht gut. (Dies ist, was der Fragende meinte, als er sagte *"die Botschaft bekommt"*). Es gibt keinen sahīh (authentischen überlieferten) Beweis hierfür, soweit es uns bekannt ist. Das oben dargelegte bedeutet nicht, dass es kein Zeichen ist, dass man sich glücklich fühlt (nach der Istikhāra), aber es sollte im

---

[60] al-Futuhāt al-Rabbāniyya, 3/355-357

Bezug darauf, ob die Sache gut ist oder nicht, nicht als einziges Zeichen betrachtet werden. Menschen machen oft İstikhāra über Dinge, die sie mögen oder tun wollen und fühlen sich somit schon von Anbeginn glücklich bezüglich dieser Sache.

Shaikh al Islam (İbn Taymiyyah) sagte bezüglich des Sich-Glücklich-Fühlens wegen einer Sache: *"Wenn er İstikhāra macht, so ist dass, worüber Allah ihn sich zufrieden fühlen lässt **und** es leicht für ihn macht, das, was Allah für ihn gewählt hat."*[61]

Es ist ein Unterschied, ob man das Gefühl der Zufriedenheit als einziges Zeichen nimmt oder es als eines von verschiedenen Zeichen zählt.

Es gibt keine festgesetzte Zeitspanne für die İstikhāra; es ist erlaubt, es mehr als einmal zu wiederholen, aber es gibt keine Beschränkung über die Anzahl (der Wiederholungen).
Die Person kann die Du'a vor oder nach dem Salām ausführen.
Und Allah weiss es am besten.

Sheich Muhammed Sālih Al-Munadschid (Islam Q&A)

---

[61] Madschmū' al-Fatāwā, 10/539

3.3 Sollte ein Muslim die İstikhāra beten bezüglich Dingen oder Taten, die verpflichtend sind, wissend, dass der von Dschābir b. Abdillah überlieferte Hadīth berichtet, dass der Prophet (sas) sie anspornte, İstikhāra bezüglich aller Angelegenheiten zu beten? Der Hadīth wurde von Buchari überliefert. Was ist, wenn ein Bruder die İstikhāra in Bezug auf eine verpflichtende Tat beten möchte? Denn ich habe nicht verstanden was mit dem arabischen Wort "*kulliha*" gemeint war. Bedeutet dies *Alles* oder die *Mehrheit*? Denn soweit es mir bekannt ist, kann "*kull*" im Arabischen "*die Mehrheit*" bedeuten. Bitte, O Schaikh, erkläre mir die Bedeutung des Wortes "*kulliha*" und ob jemand bezüglich einer verpflichtenden Tat die İstikhāra beten kann.[62]

Der Lob gebührt Allah.

Es gibt keine Alternative, wenn es darum geht, verpflichtende Taten auszuführen, denn Allah hat sie uns aufgetragen. Das gleiche gilt für das Unterlassen/das Fernbleiben von verbotenen Dingen. Es macht keinen Sinn, die İstikhāra für etwas zu beten, bezüglich dessen Ausführung wir keine Wahl haben. Das İstikhāra-Gebet wurde nicht zu diesem Zweck vorgeschrieben. Das İstikhāra - Gebet ist erlaubt bei Angelegenheiten, in denen jemand die bessere von zwei Alternativen wählen muss, oder wenn es mehrere erlaubte Alternativen gibt.

---

[62] http://www.islam-qa.com/en/ref/9588

So betet jemand İstikhāra, um eine bestimmte erlaubte Sache auszuwählen. Wenn sich jemand (beispielsweise) unklar ist, in welche Stadt er gehen soll, um Wissen zu erwerben, oder bei welchem Gelehrten er lernen soll, oder an welcher Sitzung er teilnehmen soll. So suchst du den Rat anderer Personen und betest die İstikhāra bezüglich der Alternative, von der du denkst, dass diese wahrscheinlich die bessere ist. Ähnlicherweise betet man die İstikhāra, wenn man plant, eine bestimmte Frau zu heiraten oder wenn man entscheiden will, ob man dieses oder kommendes Jahr eine freiwillige Hadsch vollziehen möchte, oder bei der Entscheidung über jegliche Angelegenheiten, bei denen es ein Zögernis (bezüglich der Entscheidung zwischen zwei Möglichkeiten) gibt. Dies ist gemeint mit den Worten...

"Er lehrte uns bezüglich aller Angelegenheiten die İstikhāra zu beten..."

Islam-Q&A
Sheich Muhammed Sālih Al-Munadschid

3.4 Wie man am besten von der İstikhāra profitiert

Wie kann ich am besten von der İstikhāra profitieren? Als ich İstikhāra gebetet habe, nachdem mir jemand einen Heiratsantrag machte, träumte ich, dass die Schwester desjenigen, der um meine Hand bat, mich mit einem grünen Kleid bekleidete und mir erzählte, dass alles, was ihr Bruder mir gäbe, nur Schönes sein werde. Ich hoffe, Sie können mir die Bedeutung dieses Traumes erklären, so dass ich mir sicher sein kann, ob ich die İstikhāra richtig ausgeführt habe. [63]

Der Lob gebührt Allah.

Es gibt einige Dinge, die beachtet werden sollten:

Erstens:

Was den Traum angeht, den du gesehen hast, so solltest du Personen fragen, die Wissen darüber (über Traumdeutung) besitzen, deren religiöser Hingabe und Aqīda du vertraust, auf dass sie dir dessen Bedeutung erklären mögen. Sei auf der Hut vor unwissenden Menschen und Scharlatanen.

---

[63] http://www.islam-qa.com/en/ref/72255

Das İstikhāra Gebet

Zweitens:

Viele Leute denken, dass nach der İstikhāra ein Traum folgen muss oder das Gefühl der Erleichterung im Herzen etc., aber dies ist nicht der Fall. Auch wenn keines dieser Dinge passiert und der Mensch İstikhāra gebetet hat und sein Bestes getan hat, um herauszufinden, was das Beste für Ihn sein wird, indem er etwa Personen um Rat gefragt, das Thema untersucht und erfahrende Leute gefragt hat, woraufhin er fortfährt und es tut, sodann wird dies hoffentlich das Beste für Ihn sein, auch wenn er am Anfang keine Leichtigkeit im Herzen verspürt.

Auch wenn wir annehmen, dass er in dieser Sache, mit der er fortfährt, nicht erfolgreich ist, so könnte dies gut für ihn sein, auch wenn er es nicht weiss. Aber sein Herr (swt) weiss es.

İbn al-Hādsch al-Māliki sagte:

Manche von ihnen beten die İstikhāra so wie es in der Schari'a vorgeschrieben ist und warten dann bis sie einen Traum sehen, durch den sie entscheiden werden, ob sie fortfahren sollen, um das zu tun, wofür sie İstikhāra gemacht haben, oder nicht. Oder sie warten bis jemand anderes für sie einen Traum sieht. Dies hat gar nichts zu bedeuten, denn der Prophet (sas) lehrte uns die İstikhāra zu machen und den Rat anderer zu erfragen und nicht, dass wir uns auf Träme verlassen sollen.[64]

Drittens:

Nehmen wir an, dass die Deutung des Traumes auf etwas Gutes hindeutet, so sind gute Träume nicht mehr als Hinweise, jedoch kann man nicht (ausschliesslich) darauf vertrauen. Vielmehr solltest du versuchen, dich über die Person, die den Heiratsantrag machte, zu erkundigen und herumzufragen (bei Menschen, die die Person kennen). Stelle sicher, dass er religiös ist und guten Charakter besitzt und andere Dinge, die du über ihn herausfinden solltest. Wenn du dir im Hinblick auf diese Dinge sicher bist, dann ist dieser Traum nur eine Botschaft, um bei guter Laune zu sein, wenn du fortfährst (also, nachdem du dich entschieden hast, ihn zu heiraten).

Wir bitten Allah, dir das Gute leicht zu machen und dich zu segnen.

Und Allah weiss es am besten.

Islam Q&A

---

[64] Al-Madchal, 4/37

3.5 Sie erfuhr von manchen Makeln ihres Verlobten und betete İstikhāra bezüglich der Annullierung der Verlobung, aber es war nicht einfach für sie, dies zu tun. Ich wurde vor kurzem verlobt, aber nach der Verlobung habe ich manche Makel meines Verlobten herausgefunden, die ich nicht dulden kann. Und ich spürte, dass er nicht zu mir passt, zuzüglich zu der Tatsache, dass er mich nicht dabei unterstützt, Allah gegenüber Gehorsam zu sein. Trotz allen Dingen passiert jedes Mal, wenn ich über die Annullierung nachdenke und İstikhāra bete, um Allah um Führung zu bitten, etwas, dass das Annullieren schwer macht. Was soll ich tun? Würde ich, wenn ich die Verlobung annullierte, Allah gegenüber ungehorsam sein, weil meine Entscheidung anders ausfällt als das, was ER für mich auserwählt hat. Sollte ich meinen Verstand ausschalten, so dass ich Allah (in dieser Sache) Gehorsam leisten werde?[65]

Der Lob gebührt Allah

Wenn es für dich offensichtlich geworden ist, dass dein Verlobter einige Makel besitzt, die du nicht ertragen kannst, dann ist nichts Falsches daran, die Verlobung zu annullieren. Dies ist besser als zu heiraten - mit der Möglichkeit, dass Differenzen und Konflikte auftreten - und sich dann scheiden zu lassen.

---

[65] http://www.islam-qa.com/en/ref/125848

Wenn du darüber nachgedacht hast, dann bete İstikhāra und bitte Allah um Rechtleitung und frage sodann deinen Wali dass er sich bei deinem Verlobten entschuldigt. Daraufhin wird deine Verlobung annulliert sein.

İstikhāra bedeutet nicht, dass du deinen Verstand ausschalten sollst und bezieht sich nicht nur auf materielle Angelegenheiten, vielmehr ergänzt es diese. Eine Person könnte im Hinblick auf eine Sache zögerlich sein, weil sowohl Gutes als auch Schlechtes beinhaltet, Pro und Kontras vorhanden sind, oder weil er sich unsicher über die Konsequenzen ist. Daher fragt sie Allah, dass ER das Gute, das ER kennt, leicht für sie macht.

Es könnte (manchmal) den Anschein erwecken, dass ein Heiratsanwärter, frei von Makeln ist, während Allah weiß, dass er unpassend für dich ist und dass er Makel (in sich) besitzt, die du nicht kennst, oder dass du nicht zu ihm passt.
Oder es könnte sein, dass ein Heiratsanwärter Makel hat, aber Allah weiss, dass er passend für dich ist und dass seine Fehler verschwinden werden, oder dass es in Wirklichkeit keine Fehler sind, oder dass er zu diese Frau passt, oder andere verborgene Dinge, die niemand außer Allah (swt) kennt.

Es ist wohlbekannt, dass niemand erfolgreich sein kann außer mit der Hilfe und Führung Allahs und dass, würde er (der Mensch) seinen eigenen Entscheidungen überlassen werden, er möglicherweise sehr oft versagen würde.

Ist es gut, so wird Allah es dir erleichtern und ermöglichen, und ist es schlecht, wird Allah dich davon trennen oder die Sache von dir trennen.

Um dies auf deine Frage anzuwenden:

Aufgrund der Makel, die du in deinem Verlobten siehst, solltest du İstikhāra beten und Allah bezüglich der Annullierung der Verlobung um Rechtleitung bitten. Danach solltest du fortfahren, indem du mit deinem Wali sprichst und mit jemandem, der die Nachricht über die Annullierung (dem Verlobten) übermitteln wird. Kommt die Sache zu einem Ende und wird sie erleichtert, so wird dies inschaallah gut für dich sein. Wird die Annullierung schwierig, so ist zum jetzigen Zeitpunkt nichts Gutes für dich darin (in der Annullierung); möglicherweise ist es im Wissen Allah's besser für dich, Ihn zu heiraten oder die Verlobung eine Weile länger bestehen zu lassen. Es spricht nichts dagegen, die İstikhāra mehrmals zu wiederholen.

Wir sollten einige Punkte hervorheben:

1. İstikhāra darf nicht angewendet werden in Bezug auf Dinge, die verpflichtend, verboten oder makrūh sind, außer wenn die Unentschlossenheit sich auf das Festlegen

eines Zeitpunktes zur Vollziehung einer religiösen Pflichthandlung bezieht. Daher ist es so, dass wenn du erfahren hast, dass dein Verlobter beispielweise nicht betet oder er unmoralische Dinge tut, das İstikhāra-Gebet in diesem Fall nicht vorgeschrieben ist.

2. Wenn es darum geht, dass gewisse Dinge erleichtert oder erschwert werden, könnte dies (manchmal) auch einige Zweifel oder Waswasah[66] mit sich bringen. Möglicherweise wird der Wali versuchen, den Verlobten zu erreichen, um ihm von der Annullierung zu berichten, jedoch nicht in der Lage sein, mit ihm in Kontakt zu treten. So wird dann gesagt, dass die Angelegenheit schwierig geworden ist. Aber dies ist nicht der Fall. Vielmehr sollte er erneut probieren, ihn zu erreichen oder jemanden schicken, um ihm die Neuigkeiten zu vermitteln, etc. .

3. Handelt jemand gegensätzlich zu dem, worauf durch die İstikhāra hingewiesen wurde, so ist er nicht ungehorsam gegenüber Allah oder sündhaft. Jedoch wird er viel Gutes verpassen und es bereuen, wenn er es nicht tut, oder ein Schaden könnte ihn treffen, wenn er fortfährt, etwas zu tun, was Allah nicht leicht für ihn gemacht hat. Vollkommener Glaube und vollkommenes Gottvertrauen bedeutet, seine Angelegenheiten Allah zu überlassen, Seine Bestimmung zu akzeptieren, um dann mit der Angelegenheit fortzufahren, nachdem man İstikhāra gebetet

---

[66] teuflische Einflüsterungen

hat, und über den Verlauf einer Handlung zu entscheiden, ohne auf Waswasah zu hören.

Schauen Sie bitte auch nach den Antworten auf die Fragen 11981 und 5882.[67] Wir bitten Allah, dir das Gute leicht
zu machen, wo auch immer es liegen mag. Und Allah
weiss es am besten.

Islam Q&A

---

[67] Siehe unter www.islam-qa.com

3.6 Wann sollte man das Bittgebet der İstikhara beten?[68]

Die Hanafīs, Mālikīs, Schāfiʿīs und Hanbalīs sagten, dass die Duʿā unverzüglich nach dem Gebet aufgesagt werden sollte. Dies entspricht dem, was in dem Hadīth steht, der vom Gesandten Allahs (sas) überliefert wurde. Siehe *al-Mawsūʿa al-Fiqhiyyah, Teil 3, S. 241.* [69]

---

[68] entnommen aus der Fatwā unter http://www.islam-qa.com/en/ref/11981

[69] Wie wir allerdings in Kapitel 2.7, S.34-35 gesehen haben, gibt es unter den Gelehrten diesbezüglich unterschiedliche Meinungen.

4   Schlusswort des Verlegers

Alhamdulillah.

Wie wir gesehen haben, ist das İstikhāra-Gebet eine Iba-dah, die einen wesentlichen Bestandteil des Lebens eines Muslims ausmachen sollte. Sie ist Zeichen der Gotterge-benheit und des Gottvertrauens, gleichzeitig eine großar-tige Stütze für die Gestaltung unseres Lebens. Wir hoffen, dass durch die Fatāwā im Anhang einige Dinge, die man-chen Lesern noch etwas unklar erschienen oder über die es noch Fragen gab, geklärt werden konnten. Wie wir gesehen haben, gibt es bezüglich einiger Dinge Mei-nungsverschiedenheiten. Zum Beispiel, wenn es darum geht, wann man das Bittgebet der İstikhāra liest oder wie man sich nach der İstikhāra verhalten soll, um zu einer Entscheidung zu kommen. Unsere Empfehlung ist es, sich an das zu klammern, was sicher vom Propheten (sas) überliefert wurde und es zu unterlassen auf zweifelhaften Dingen zu beharren, nur weil man diese Dinge bis dato so gelernt und praktiziert hat. Denn die Liebe zu Allah und Seinem Gesandten äußert sich im Festhalten am Buche Allahs und der Sunnah des Gesandten Allahs (sas) und darin, dass man Dinge unterlässt, die man zu tun pflegte, sobald man erfährt, dass sie falsch oder zweifelhaft sind.

„Und es ziemt sich nicht für einen gläubigen Mann oder eine gläubige Frau, wenn Allah und Sein Gesandter eine Sache entschieden haben, dass sie in ihrer Angelegenheit eine Wahl

haben sollten. Und wer Allah und Seinem Gesandten nicht gehorcht, der ist wahrlich irregegangen in offenkundigem Irrtum."
(Qur'an 33:36)

Möge Allah die Leser dieses Buches rechtleiten und zu wahren Knechten Allahs machen. Amin.

Erden Karsli, Dhul-Hijjah 1430, Dezember 2009